Aprenda
a escutar
seu coração

Hugh Prather

Aprenda a escutar seu coração

Título original: *Love and Courage*
Copyright © 2001 por Hugh Prather
Copyright da tradução © 2007 por GMT Editores Ltda.
Todos os direitos reservados.

tradução: Sonia Maria Moitrel Schwarts
preparo de originais: Alice Dias e Débora Chaves
revisão: Luis Américo Costa, Sérgio Bellinello Soares
e Tereza da Rocha
projeto gráfico e diagramação: Valéria Teixeira
ilustração e capa: Silvana Mattievich
pré-impressão: ô de casa
impressão e acabamento: Geográfica e Editora Ltda.

CIP-BRASIL. CATALOGAÇÃO-NA-FONTE
SINDICATO NACIONAL DOS EDITORES DE LIVROS, RJ

P925a	Prather, Hugh, 1925-
	Aprenda a escutar seu coração / Hugh Prather; tradução de Sonia Maria Moitrel Schwarts. – Rio de Janeiro: Sextante, 2007.
	Tradução de: Love and courage. ISBN 978-85-7542-269-4
	1. Conduta. 2. Relações humanas. I. Título.
07-0048.	CDD 177 CDU 177

Todos os direitos reservados, no Brasil, por
GMT Editores Ltda.
Rua Voluntários da Pátria, 45 – Gr. 1.404 – Botafogo
22270-000 – Rio de Janeiro – RJ
Tel.: (21) 2286-9944 – Fax: (21) 2286-9244
E-mail: atendimento@esextante.com.br
www.sextante.com.br

Introdução

Este livro é, de certa forma, sobre valores antigos: generosidade, lealdade, honestidade, bondade e coragem – qualidades que tradicionalmente são vistas como fundamentos do bom caráter.

Desde cedo, aprendi que fazer o bem não era o bastante: era preciso *ser bom*. Ensinaram-me que, se nos dispuséssemos a ser o mais gentis, honestos, pacientes e clementes possível, alcançaríamos um estado de plenitude. O pressuposto de que a bondade poderia ser conquistada não era questionado. Se colocássemos o amor como foco principal de nossas vidas, nos tornaríamos, com certeza, mais amorosos. E, pelo que consigo lembrar de meu estado de espírito naquela época, de fato me tornei uma pessoa melhor. Eu era mais interessado na felicidade dos outros, mais generoso e mais disposto a enxergar beleza ao meu redor. E acredito que isso aconteceu em grande parte por meu empenho.

Quando comecei a trabalhar, fui incentivado a pôr em prática meus ideais de infância com o objetivo de me tornar um profissional bem-sucedido. Disseram-me que a sinceridade era uma poderosa arma de convencimento, que o temperamento agradável possibilitava boas relações públicas e que o pensamento positivo era capaz de transformar um vendedor fracassado numa verdadeira máquina de fazer negócios. Como conseqüência, houve um momento em que a simples menção a palavras como *bom humor, altruísmo, humildade, cortesia* e *bondade* me causava repulsa. Não apenas fiquei descrente nesses valores como simplesmente parei de acreditar que pudessem existir. No mundo real, o bom humor era falso, o altruísmo, enganador, a humildade, uma fraqueza, a cortesia não passava de uma convenção social e a bondade absoluta era uma grande mentira.

É claro que a bondade existe, mas, quando ela é encarada como uma norma hipócrita e insensível, deixa de ser real. Cada fibra do nosso corpo sente o valor da vida. Podemos ter complexos, dúvidas ou temores, mas sabemos que a verdadeira serenidade reside no coração e que a luz nasce do fundo de nossa alma.

Hugh Prather
14 de agosto de 2001
Tucson, Arizona

Nascemos para a vida. Ela está lá, esperando por nós. Não a escolhemos, simplesmente penetramos nela. Chega um momento em que percebemos que temos opções e aí iniciamos a tarefa de construir nossa própria vida – uma empreitada impossível, se considerarmos o tempo de que dispomos para completá-la. Mas não creio que isso seja importante. O importante é começar.

Deve haver uma outra maneira de passar pela vida além de ser empurrado através dela, chutando e gritando.

Aprender a se aceitar é o começo da mudança. Aprender a aceitar os outros é o começo da plenitude. O amor engrandece. Ele não apenas amplia sua perspectiva: ele faz com que tudo floresça ao seu redor.

Há o jeito monótono de perceber o mundo, que é como a maioria de nós vive todo santo dia, e há o jeito espiritual, aquele que surge de repente e faz com que tudo se torne especial e radiante.

Com essa nova visão, enxergamos a pureza presente em todas as criaturas e objetos, como se um raio de luz iluminasse tesouros há muito esquecidos. Dependendo do tempo que essa visão permanecer conosco, todas as coisas que nos rodeiam podem sofrer uma grande transformação.

Havia setenta e cinco pessoas no saguão, contudo apenas uma menininha de sete anos ficou sabendo como era sentar-se sobre o piso de mármore.

Precisamos das outras pessoas não apenas para permanecermos vivos, mas para nos sentirmos totalmente humanos: carinhosos, engraçados, brincalhões e generosos. Quão genuína será a minha capacidade de amar se eu não tiver com quem compartilhar uma risada, uma delicadeza ou mesmo meus sonhos?

Posso amar uma idéia ou uma visão, mas não posso tocá-la. Se minhas imperfeições não puderem ser perdoadas, se eu não tiver a quem dizer o indizível, então não sou humano. Sou uma coisa, um objeto em movimento, mas sem harmonia.

Existem pessoas cujos sentimentos e bem-estar podemos influenciar. A identidade que um casal tanto se esforça para atingir é uma porta de vaivém, e este é um fato do qual não podemos escapar. Quando opto pela paz, estendo a opção à minha parceira. Quando escolho o sofrimento, ele afeta completamente a vida de nós dois.

"Amar o próximo como a si mesmo" não significa, como já ouvi diversas vezes, que antes de tudo precisamos nos amar. Significa, na verdade, que qualquer coisa "menor" do que o amor não tem valor. O amor não exclui, ele envolve. Se não amamos ninguém além de nós mesmos, é porque não nos amamos.

Tenho uma amiga que é uma ótima ouvinte. Se lhe conto alguma dificuldade, nunca fico com a sensação de que ela está elaborando algumas palavras encorajadoras para me dizer. Sua preocupação principal é demonstrar que, sob todos os aspectos, o meu problema passou a ser dela também.

Ela é extremamente leal, embora não faça críticas de imediato ao responsável pelo meu problema. Intuitivamente, ela sabe quando minha raiva é superficial e, nesse caso, fala com delicadeza – no entanto, se a pessoa não for muito importante para a minha vida, ela a critica com tal ferocidade que acabo rindo da minha tolice. Devo dizer também que, para minha sorte, essa amiga é minha mulher.

Foi um dia mágico. Eu me encontrei com três amigos e percebi como a amizade pode ser um instrumento de transformação. O primeiro me ajudou a ter clareza das coisas: passei a distinguir o que é importante e o que não é e redescobri os princípios que não podem ser negligenciados. Eu podia identificar cada um desses fundamentos. Ele ficou encantado com as minhas teorias e nem parecia perceber que fora ele quem me proporcionara aquela visão.

Meu segundo amigo me tornou gentil e enérgico. Como ele precisava desabafar, falamos durante um bom tempo. Quando eu estava indo embora, ele agradeceu meu interesse, mas certamente não teria reconhecido meu esforço se eu tivesse agido de qualquer outra maneira.

O terceiro amigo me fez sentir um palhaço, um bufão, um contador de piadas. Eu não sabia que a minha vida estava tão cheia de absurdos, mas ele riu tanto que passei a acreditar que eu era muito engraçado. Meus amigos não têm noção do bem que me fizeram. Para eles, não foi nada de mais, pois fazem isso freqüentemente. Eu só espero ter causado uma mudança neles também.

Já vi muitos casamentos e até amizades acabarem quando se chega à inevitável conclusão de que "está faltando algo" no outro. Às vezes fica apenas essa vaga sensação de incompletude, mas em geral a reclamação pode ser identificada: "Ela não gosta de futebol", ou "Ele não tem o menor senso de humor", ou ainda "Ele não consegue conversar sobre livros". Simples assim. Na verdade, seria preciso juntar de cinco a dez pessoas para formar o ser humano perfeito que todos procuramos.

O amor vê as coisas como elas são. Nos sentimos compreendidos pelas pessoas que nos amam e incompreendidos pelas que nos rejeitam – e esses sentimentos são reais. Nós é que colocamos limites nas muitas maneiras pelas quais podemos amar.

A não ser por um breve período na escola fundamental, eu nunca tinha jogado futebol. Mas quando estava no último ano decidi me candidatar a uma vaga no time. Eu gostava do novo técnico e queria enfrentar meu medo de esportes que envolvem contato físico, que às vezes podem ser bem perigosos. Logo ficou claro que o treinador tinha uma opinião diferente em relação às minhas habilidades e, com seus incentivos diários, comecei a me transformar de uma maneira surpreendente. Não apenas entrei para a equipe principal como me sobressaí no grupo.

Por conhecer o meu potencial, o técnico não aceitava nada menos do que o melhor que eu podia fazer. Porém, quando entrei para a faculdade, não encontrei o mesmo apoio. Meu medo voltou e, um dia, parei de jogar. Eu tinha experimentado o poder de me sentir respeitado, mas ainda faltava aprender a me respeitar.

Quando nos reprimimos, trocamos a chance de autoconhecimento pela ilusão de segurança.

Quando minha auto-estima é superficial, ou seja, quando se apóia em banalidades como o corpo, a roupa, a retórica ou a reputação, fico menos sensível às outras pessoas enquanto seres humanos que vivem, riem e sofrem. Paro de vê-las diretamente e as observo através das reações que causam em mim.

Às vezes me pergunto se a lealdade que tenho para comigo mesmo é tão grande quanto a que dedico aos meus amigos. Sou capaz de fazer qualquer coisa por eles. Não dá para esperar que alguém sinta mais respeito por mim do que eu. No entanto, paradoxalmente, ao respeitar os outros, estou me respeitando. A chave para a confiança está em não mobilizar minha força e encorajar minha auto-imagem – e também em pensar e agir sem ficar preocupado comigo mesmo.

Preciso agir de acordo com o que sou agora antes que me torne outra pessoa.

Tudo que almejo é ser capaz de me descontrair e relaxar neste exato momento, de modo a aproveitar o que ele tem a oferecer.

O amor não é uma guerra. Se eu realmente gostar de alguém, a minha afeição será reconhecida. O amor não precisa se exibir. Cada músculo, cada gesto, o denuncia. Encha o seu coração de amor e a sua propagação se dará naturalmente.

O amor é revelado. Ele é cuidadosamente exposto, como pétalas que se abrem. Não é uma recompensa da virtude.

Um casamento não é uma propriedade. Ele precisa ser um ato de confiança, bom senso e boas intenções. Se é uma expressão de respeito, ele acrescenta cortesia ao amor e suaviza o egoísmo ocasional que pode levar um casal a deixar escapar uma amizade que cultivava há anos.

Gayle e eu completamos trinta e seis anos de casados. Isso significa que o nosso relacionamento é o mais longo e contínuo que já tive. Eu jamais poderia imaginar que esse simples acúmulo de anos acrescentaria ao casamento uma dose extra de auto-estima – afinal, a pessoa que mais admiro quis passar trinta e seis anos de sua vida comigo.

Durante muito tempo achei que o casamento obstruía o crescimento pessoal e desencorajava o indivíduo a abandonar uma história que se esgotou. Eu pensava também que nenhuma relação é eterna, que todos passam por uma evolução natural e que cada pessoa consegue perceber a hora de ficar e a hora de partir. Por que, então, entrar em um compromisso cujo único ideal é permanecer? Sempre vi os relacionamentos longos com desconfiança. Afinal de contas, quanta mudança pode acontecer quando se fica com alguém durante dez ou vinte anos?

Minha experiência mostra que, se há pouca variação ou estímulo, as pessoas tendem a não mudar. Tenho certeza de que Gayle e eu não estaríamos juntos agora se não tivéssemos estabelecido algum tipo de dificuldade que tornasse a partida desagradável. Concordamos em nos esforçar para ter algo duradouro, prometemos nos amar, apoiar e dividir igualmente tudo o que possuíssemos. Declaramos isso em público para que, se falhássemos, todos soubessem. O que fizemos não foi nada sensato.

O mais perto que eu havia chegado de um casamento longo era a obrigatória troca de companheiro de quarto em meus tempos de colégio interno. A cada noventa dias eu era obrigado a dividir o dormitório com um estranho. Ao longo dos anos, no casamento, isso acontece com incrível freqüência. Você acha que o seu relacionamento está ótimo, mas, de repente, a pessoa que você pensa que compreende há muito tempo começa a se transformar. E você sabe que, se quiser permanecer casado, terá de se tornar mais flexível. Embora prefira permanecer como está, você se vê em pleno processo de transformação por causa do amor que sente por alguém. Isso é ainda mais difícil e gratificante do que uma melhora motivada por interesse próprio.

A magia do amor é fazer com que duas pessoas que caminham em direções diferentes permaneçam sempre lado a lado.

Sempre que corro longas distâncias, passo por uma ou duas fases em que o meu corpo emite sinais de que vai entrar em colapso. Se eu acreditasse nesses sinais, diminuiria a velocidade e passaria a caminhar. Ainda bem que essa não foi minha reação quando comecei a correr, pois eu jamais teria adquirido o bom condicionamento físico que hoje me permite explorar terrenos difíceis. Graças à decisão de ignorar o que, à primeira vista, surge como uma limitação natural, superei as resistências e penetrei em novos territórios. Às vezes precisamos ultrapassar limites e fazer o que parece antinatural.

É simples assim: se nunca tentamos nada, nunca aprendemos nada. Se não corremos riscos, ficamos exatamente onde estamos. E, enquanto persistimos inabaláveis, acorrentados à prática das mesmíssimas coisas, o mundo evolui ao nosso redor e nos vemos privados de sua grandeza.

Raramente desistimos de nós mesmos. Continuamos a ter esperanças porque sabemos que temos potencial para mudar. Insistimos não apenas para existir, mas para efetuar em nós mesmos as mudanças que darão sentido a nossas vidas. No entanto, as pessoas logo desistem de seus amigos – principalmente dos parceiros –, declarando-os inúteis, e se afastam. Ou então não fazem nada: apenas se resignam à situação ruim.

Nos últimos tempos é a rotina que me tem trazido tranqüilidade. Às vezes é preciso recuar e permanecer nos braços do que nos é familiar até que o desconhecido se torne menos ameaçador.

Sinto-me confortável perto de minha mulher. Por motivos que não são muito claros, ela me ama. Ela já me viu errar, conhece meus comodismos irritantes, meus hábitos particulares – enfim, ela sabe de todas aquelas coisas que eu achava que ninguém soubesse a meu respeito e, mesmo assim, continua a me amar. Na sua presença, eu não preciso me proteger porque ela me isola de minhas próprias palavras.

Para certas pessoas, levar alguém para a cama é encarado como uma espécie de missão. Elas até podem alcançar o sucesso com o corpo, mas acabam desperdiçando a alma. Não conseguem sentir aquela troca espiritual que cada um colhe após a união. Na realidade, morrem um pouco cada vez que tentam crucificar o amor.

Aquele que dobra suas roupas com cuidado e se prepara com grande concentração não consegue perceber que o sexo não é uma obrigação solene. O sexo saudável é um tipo de gargalhada recíproca em que ambos os participantes entendem a piada.

O erotismo recebe sua força não apenas da carne e do peso dos corpos, mas da eloqüência das sutilezas: gestos iniciados e não completados, silêncios sugestivos, palavras não ditas, ansiedade crescente, intromissões inesperadas, delicadeza e avassaladoras ondas de paz. Para que tal magia aconteça, é preciso primeiro remover o consciente. Às vezes a comunicação não verbal pode ser uma coisa divina. Basta um olhar para que se estabeleça uma relação de quase intimidade com um estranho.

Cada indivíduo que encontramos parece carregar em si uma parte esquecida de nós mesmos. Ela se junta a nós no instante em que a reconhecemos. Porém, só o amor pode vê-la.

O amor não pode ser reprimido, tampouco o julgamento pode ser colocado em evidência e mantido em limites rígidos. Se eu realmente me dispuser a aceitar uma pessoa, então aceitarei todas as outras. No entanto, se eu julgar uma única pessoa, logo estarei julgando todo mundo.

A maioria das pessoas supõe que, nas relações amorosas, todos devem concordar uns com os outros. Muitas ficam abaladas quando seus parceiros discordam delas e acabam agravando o erro ao tentar mudar a opinião deles. Assim como duas pessoas são diferentes em todos os aspectos e não podem jamais se tornar idênticas, não existem casais perfeitos. A amizade significa perceber as diferenças, aceitá-las e continuar a amar e a ser feliz.

É bom e natural duvidarmos de nós mesmos. Aqueles que não são céticos podem facilmente se enganar. Quando usada de forma apropriada, a dúvida nos mantém humildes, equilibrados e abertos aos ensinamentos dos outros. Imaginar-se um grande sábio é um impedimento à sabedoria.

Perdi um tempo enorme procurando algo para fazer, buscando maneiras de me tornar perfeito, e, durante esse tempo, meu organismo, meu ser, Deus, ou seja lá que nome se dê a Ele, estão criando melodias, e tudo o que preciso fazer é entrar no ritmo.

Assumir a responsabilidade não significa aceitar a culpa.

Se eu procurar incansavelmente as diferenças e aceitar cada uma que descobrir, isso não afetará meu vínculo com uma pessoa. Pelo contrário: as diferenças são interessantes e divertidas. Elas enriquecem o relacionamento, em vez de o enfraquecerem. Curiosamente, estar confortável consigo mesmo é o principal agente da mudança. E aceitar a personalidade de uma outra pessoa é o ponto de partida para uma amizade melhor.

Quando amadurecemos e compreendemos a nós mesmos, automaticamente passamos a tolerar mais os outros. Ser avaliado positivamente por outra pessoa melhora nossa auto-imagem. Eu jamais imaginaria que identificar minhas limitações me tornaria mais tolerante.

Para romper com determinado padrão de comportamento, precisamos primeiro tomar consciência de como agimos *normalmente*. Temos de saber como agimos para sermos capazes de agir de forma diferente.

A idéia de que pensamentos e sentimentos negativos deveriam ser honestamente revelados ou desabafados vem da suposição de que se você os "botar para fora" eles não mais existirão. Mas as idéias não abandonam sua fonte, assim como as críticas atacam aquele que critica. Quando permito que minhas palavras reflitam meu estado de espírito negativo, o pessimismo se torna mais profundo e poderoso, o que influencia a outra pessoa também. Então o problema ganha vida própria e sai do meu controle.

Tolerância e intuição são atitudes que ampliam a mente. Por outro lado, reclamações e ressentimentos só servem para estreitá-la.

Amigos se perdoam e retomam velhas amizades porque precisam mais das pessoas do que do orgulho.

A maioria de nós não olha para as coisas, e sim para a aparência delas. Nossos interesses são específicos. Não vemos pessoas: vemos roupas, corpos ou reflexos da nossa atuação. Ou ainda nossas próprias projeções de mesquinharia, amargura, superioridade ou fraqueza. E lentamente nos tornamos aquilo que mais desaprovamos. O pensamento direciona os olhos, assim como os olhos direcionam a alma.

Querendo ou não, nossa atitude causa impacto nos outros – se estendermos essa conduta a todas as palavras, o efeito será maior ainda. Isso significa que, se o meu ego está em ebulição, talvez seja melhor tampá-lo para não espirrar nos outros.

Minha pintura é influenciada pela textura do papel, pela espessura da tinta, pela qualidade do pincel. Pretendo desenhar uma linha fina, mas ela sai grossa. A pintura toma uma nova direção – eu a influencio, e ela, a mim.

Viva como se todos os seus atos fossem ser reconhecidos um dia. E trate os outros como se você pudesse ver as conseqüências antes de agir.

Se nos apegamos ao ideal impossível de que um mundo de egos e agendas independentes pode ser aperfeiçoado, nossos esforços serão frustrados e nossas emoções se transformarão em cinismo. A esperança não pode ser depositada num mundo melhor, mas num coração sincero e numa visão apaziguadora.

Envolvemo-nos com uma ocupação, mas algo acontece e somos levados para outra direção. Percebemos a interferência e procuramos retomar nossa intenção original. Todavia, sofremos *constante* influência externa porque não vivemos num vazio com nossas intenções. Relacionamo-nos com tudo o que acontece. No meio de uma caminhada somos tocados por uma explosão de calor que vem do sol e paramos para aproveitar a sensação prazerosa. Recebemos uma carta de quem amamos, brincamos com um cachorrinho, trocamos olhares compreensivos com um desconhecido e já não somos mais os mesmos. Aquilo que pretendíamos fazer virou passado. Não se trata de falta de determinação, mas da maneira como a vida flui. Sempre uma nova pintura, sempre um novo eu.

Se soubéssemos de tudo o que já foi dito a nosso respeito e atribuíssemos a cada palavra o seu significado real, não teríamos amigos. Quando criticamos alguém, muitas vezes o fazemos pelo efeito que isso produzirá na pessoa que está conosco – como uma maneira de unir, de demonstrar confiança. A fofoca é uma linguagem humana universal e pode até ser muito divertida – desde que não contenha aquela pitada de amargura.

O crescimento, para mim, não é um processo de fixação do "verdadeiro eu". É mais uma forma pela qual tomo conhecimento de outros aspectos de mim mesmo, que são tão "verdadeiros" quanto o que já conheço. Estamos sempre *sendo honestos* com alguma parte de nosso ser e, ao mesmo tempo, *não sendo honestos* com outras.

Eis o paradoxo do progresso: eu cresço sempre que me dou conta de que só posso estar onde estou.

Há momentos em que devemos deixar a vida nos levar e momentos em que devemos tomar decisões. Ninguém fica permanentemente despreocupado. Se não nos movemos, morremos.

Se eu não puder conhecer o curso do tempo, o melhor que tenho a fazer é prestar atenção, observar cuidadosamente o que está acontecendo e identificar que movimento me é permitido. Isso é como tentar achar a saída de uma sala no escuro. Será inútil me virar e xingar a parede, pois talvez ela tenha sido colocada lá para me proteger.

Amadurecer, para mim, não significa aprender novas lições, mas aprender antigas lições repetidas vezes. A sabedoria é imutável – as circunstâncias é que mudam.

Só porque você sabe fazer bem uma coisa, não significa que precisa fazê-la.

Por que será que a maioria das pessoas precisa seguir a opinião dos outros? Quando fazemos isso, recusamos nossas próprias mentes. Logo que Gayle e eu nos mudamos, várias pessoas nos disseram que os gaviões eram pássaros detestáveis. Tentei vê-los dessa maneira, mas, no final, sucumbi à minha visão simplória de que eles eram absolutamente encantadores. O que me interessa nessa história é o fato de ter tentado reagir como me mandaram. A opinião da maioria, em especial se for negativa, é aceita como a mais inteligente. Isso pode ocorrer em parte por causa da dificuldade que temos, desde a infância, de acreditar na exatidão de nossos próprios julgamentos. Como adulto, o único prazer que vejo nisso é a sensação de estar com a razão.

Ao entardecer, os pássaros se concentram no grande algodoeiro ao lado da nossa casa. Eles cantam, pulam de galho em galho e lentamente se acomodam e silenciam. Quando a manhã chega, eles não saem da árvore às pressas. Primeiro, começam a cantar. Nós, da chamada espécie inteligente, não perdemos um segundo sequer para começar o dia com uma clara consciência de quem somos.

Sempre que comparo minha casa, minhas roupas, meu carro e minha renda com os dos meus amigos, sinto minha personalidade se deformando. Sempre haverá alguém numa situação melhor que a minha e alguém numa pior, e nenhum outro fato poderia ser mais irrelevante. A quantidade de bens que possuímos não importa. Mas a maneira como *pensamos* sobre o dinheiro e os bens materiais, isso sim, pode nos degradar. Ter muito pouco pode significar uma tragédia e, dependendo do caso, até mesmo levar à morte. Estranhamente, no entanto, para algumas pessoas ter demais pode ser tão preocupante que elas deixam de viver.

Vivo subestimando minha capacidade para o egoísmo. Gosto de me imaginar generoso, em especial em relação a meus amigos, mas é comum eu descobrir novas utilidades para aquele velho objeto que estou prestes a dar, ou até me arrepender do tempo que estou gastando ao fazer um favor para o qual eu mesmo me ofereci. Gostaria de poder relaxar e apreciar o simples prazer da doação.

Muitas vezes brigo comigo mesmo sobre como *quero* me sentir, em vez de simplesmente observar como *estou* me sentindo.

Visitei uma escola alternativa hoje. Após as aulas, um dos instrutores e eu enchemos uma caminhonete de meninos entre oito e treze anos e os levamos a uma construção. No fundo do buraco das fundações havia montes de terra que iam de três a dez metros de altura. Enquanto o instrutor pegava uma escavadeira, fiquei observando os meninos brincarem nos montes. Eles começaram pulando dos mais baixos e, gradativamente, foram subindo para os mais altos. Três deles avançavam rapidamente, mas fiquei impressionado com a seriedade de um dos retardatários. Embora aquilo já tivesse sido feito pelos outros, ele continuava tentando pular de um dos montes menores para superar o seu próprio medo. Eu podia ver o esforço estampado em seu rosto. O máximo que ele poderia esperar era uma vitória sobre si mesmo e foi isso o que alcançou. Depois, ele passou para o monte seguinte, mostrando-se indiferente às gozações dos outros meninos.

Se encaradas com honestidade, quase todas as dificuldades tendem a desaparecer. Quando sou honesto comigo mesmo, nunca me sinto estúpido. E, quando sou honesto comigo mesmo, automaticamente torno-me humilde.

É óbvio que muitos dos problemas que tenho hoje são conseqüência da minha infância. Aqui estou, sofrendo a vida toda e me culpando por traços de personalidade que nunca pedi para ter. É justo? Não, não é. Mas isso me leva a uma pergunta: se minha infância acabou, quando estarei pronto para assumir a responsabilidade pelo que sou?

Uma idéia nova possui energia, mas, assim como uma pilha nova em uma lanterna velha, sua potência é temporária. Para mim, é natural retornar a padrões confortáveis e, mais uma vez, adotar idéias que me são familiares. Estar constantemente me lembrando de mudar requer um esforço que não pode ser sustentado. Quanto mais me forço para seguir um conceito que já não me inspira, mais eu preciso aniquilar meu amor-próprio e minha intuição. Uma mudança pessoal acontece muito lentamente. Serei afortunado se aprender, de fato, uma ou duas lições em minha vida. O significado é evidente: ainda não aprendi tudo.

Percebo minha própria beleza e integridade e consigo enxergar a semente da bondade nos outros. Se posso senti-la, vê-la, praticá-la e se repetidamente ela me é entregue, eu deveria saber que ela existe. Por que, então, reluto tanto em acreditar nisso?

Observo, ligeiramente horrorizado, que meu corpo está seguindo um rumo que só ele conhece. Ele nunca alcançou a calmaria prometida. As mudanças da meia-idade são tão rápidas quanto as da puberdade. Embarquei numa montanha-russa. Acho que tanto posso me levantar e gritar para que me deixem sair como sentar e me divertir.

Desperdicei muito tempo e energia pensando sobre o meu corpo, me preocupando se meu queixo é grande demais, se meu pescoço é suficientemente comprido, se meu nariz deveria ser mais delicado e por aí afora. Mas a idade está me trazendo um novo conjunto de mudanças com que me preocupar. De repente me ocorreu que a suprema ironia é que, de qualquer forma, esse corpo nunca foi meu – é apenas uma casa alugada. Agora, ao conhecer melhor uma pessoa, penso menos nela como um corpo. Minha atenção está voltada para as coisas do coração.

"Você tem um cabelo lindo", eu disse. "Ah! Mas ele era mais volumoso", ela respondeu. "E costumava crescer mais rápido." É assim que nós nos matamos. É assim que morremos. Travamos todos os dias pequenas guerras de comparações com nós mesmos e com os outros. A escuridão se acumula em nossa mente como veneno.

Envelhecer é aceitável, mas não precocemente. Se ficar velho é inaceitável, envelhecer é aceitável. O tempo é registrado em nossos rostos, em nossos músculos – vemos sua sombra se movendo em nossos amigos de infância. E se não percebêssemos a passagem do tempo? Creio que haveria muitas áreas nas quais não cresceríamos e nossos espíritos permaneceriam adolescentes.

Acho que cuidaria melhor do meu corpo se o imaginasse como um cachorro. Sei o que meu pastor alemão gosta de comer e as coisas com as quais ele se diverte. Como o amo, não tenho muita dificuldade em negar seu desejo de cheirar e comer pássaros mortos. Se eu realmente amasse o meu corpo, ele ouviria muitos "nãos".

Já sou bastante velho. Já recebi as lições. Mais do que eram necessárias, mais até do que pude usar. Chegou a hora de pôr um fim a esse frenético estoque de suprimentos. Não desejo nada mais do que a orientação do meu próprio coração. Por que deveria ficar me entulhando com novas indicações e estratégias?

Chega uma hora em que você sabe que vai morrer, mas não de um perigo iminente: é a constatação dos limites que lhe foram dados, dos anos que você já percorreu e de exatamente quanto ainda lhe resta. No começo, a experiência é assustadora, mas, depois que o horror desaparece, você pode julgar o valor ou a inutilidade das inúmeras atividades nas quais você se envolve e que, até então, havia deixado passar em branco.

Nesse momento você pode se tornar um tanto arbitrário na recusa a fazer certas coisas que antes eram rotineiras. Agora você sabe que é apenas uma questão de tempo e que é do *seu* tempo que estão lhe pedindo para abrir mão. Mas a realidade, no fim, o obriga a reavaliar as coisas, e isso começa a dissolver seu egoísmo. Você percebe que não está sozinho, que a sua existência representa muitas outras e que, por mais determinado que você esteja, a sua felicidade não é solitária. Para você, enfim, fica claro que existem coisas tão importantes quanto a sua própria vida.

Por acaso, esta tarde olhei pela janela no momento exato em que o sol estava se pondo. Junto com a admiração havia uma inequívoca sensação de arrebatamento. Naquele momento compreendi que o fato de que eu ia morrer não fazia a menor diferença e que minha vida não tinha a menor importância. Eu pertencia àquela maravilha e tudo era como deveria ser.

Só quando já estava com quase trinta e dois anos é que comecei a acreditar na morte. Morávamos em Berkeley e eu estava iniciando meu segundo ano como um escritor não publicado. Era madrugada e Gayle estava dormindo. Deitado, me vi tomado pela absoluta convicção de que não veria o amanhecer. Levantei e fui para a sala de estar. Comecei a pensar em todas as coisas que não tinha feito na vida, os amigos que havia negligenciado, as coisas a que atribuíra importância mas que não eram importantes, e comecei a chorar. Chorei durante um bom tempo e quando finalmente o sol raiou eu havia começado a escrever. O que escrevi se tornou a introdução do meu primeiro livro publicado.

Não havia uma razão aparente para eu temer a morte, pois não estava doente nem tampouco em perigo. Acho simplesmente que havia chegado a hora de levar a morte a sério. Somos instigados a crescer, queiramos ou não, e para mim esse é um fato consolador. Ele evidencia um aspecto dos mecanismos universais que pode ser comparado ao amor humano. Ao ser intimado a ver a minha própria mortalidade, eu estava de alguma maneira sendo protegido, porque passei a respeitar a simplicidade da vida e a ter mais consideração com o tempo que me restava.

Tenho um amigo que quer se tornar escritor. Mas, quando lhe falo sobre os passos preliminares, sobre os anos à espera de publicação, sobre os arquivos cheios de falsos começos e de manuscritos rejeitados, seus olhos se desviam e ele pergunta sobre todas as cartas, os telefonemas e os direitos autorais. Ele já está pensando no momento em que as preliminares tiverem ficado para trás. Mas as preliminares jamais ficam prontas. Se vale a pena chegar lá, então fique certo da dificuldade que irá enfrentar.

Ele tem a facilidade e o charme, pode até ter talento, mas lhe falta uma certa devoção ao trabalho. Ele anseia pela meta, mas não pelo empenho. Escrever não é muito diferente de qualquer outro projeto.

A obsessão precisa acompanhar o processo. Ninguém o vê fazer isso e, quando as pessoas finalmente lêem o que você escreveu, você já está preocupado com o próximo projeto e se vê um tanto aborrecido com as críticas ou os elogios a algo que, na sua cabeça, já está encerrado. O esforço existe no agora, os resultados fazem parte do futuro. Se não nos esforçarmos muito, não temos um bom presente.

Meu desejo de alcançar uma meta é tão cíclico quanto meu desejo por comida. Quando ele aparece, nada mais me satisfaz, exceto trabalhar com esforço e dedicação.

Não há mal nenhum em querer alcançar um objetivo – o mal está em ter de alcançá-lo.

Não faz o menor sentido apressar-me – e, por isso, bagunçar tudo – para terminar o que estou fazendo agora só para começar o que planejo fazer em seguida.

Nos dias pouco produtivos, fico resmungando: "Quando tiver tempo, eu faço." Mas eu deveria fazer uma pausa e parar de reclamar.

Por que as pessoas têm medo de parar, medo da quietude? Será que temos medo do que vamos encontrar se olharmos longamente para dentro dos nossos corações?

Tarde demais para quê?

INFORMAÇÕES SOBRE OS PRÓXIMOS LANÇAMENTOS

Para receber informações sobre os lançamentos da
EDITORA SEXTANTE, basta enviar um e-mail para
atendimento@esextante.com.br
ou cadastrar-se diretamente no site
www.sextante.com.br

Para saber mais sobre nossos títulos e autores,
e enviar seus comentários sobre este livro,
visite o nosso site:
www.sextante.com.br

EDITORA SEXTANTE
Rua Voluntários da Pátria, 45 / 1.404 – Botafogo
Rio de Janeiro – RJ – 22270-000 – Brasil
Telefone: (21) 2286-9944 – Fax: (21) 2286-9244
E-mail: atendimento@esextante.com.br